AF525311

Verpackung
www.natureOffice.com/DE-204-LYTCB8B
klimaneutral
durch CO2-Ausgleich

Grundrezeptbuch

Vorwort

Ein herzliches Hallo – und vielen lieben Dank, dass du gerade mein neues Kochbuch in Händen hältst.

Wie dir sicherlich auffällt, ist dieses Buch anders als die Büchlein, die du schon kennst. Schon lange hatte ich die Idee, ein „richtiges" Buch mit meinen Lieblings-Grundrezepten zu erstellen, die ich dir unbedingt ans Herz lege, wenn du einen Thermomix® hast.

Für mich ist der Thermomix® ein Allrounder und ich versuche, so viel wie möglich darin zuzubereiten. Außerdem ist es mir sehr wichtig, auf Fertigprodukte und Konservierungsstoffe zu verzichten. Es kann so einfach sein. Und weißt du, wie es noch viel einfacher geht? Richtig! Mit meinen MUST COOK Rezepten machst du alle deine Grundrezepte einfach selbst.

Viele, viele Stunden Arbeit und jede Menge Herzblut sind in dieses Projekt geflossen. Zusammen mit meinem Sohn Marco und dem Wundermix-Team haben wir alles gegeben, um dieses robuste Kochbuch zu erstellen, das mit seinem Hardcover auch dem manchmal turbulenten Küchenalltag standhält.

Nun möchte ich dich nicht länger aufhalten. Viel Spaß mit meinem neuen Kochbuch – und jetzt ab in die Küche.

Zaubere was Leckeres für dich und deine Lieben.

Inhalt

Grundrezepte

Beilagen

Suppen

Saucen

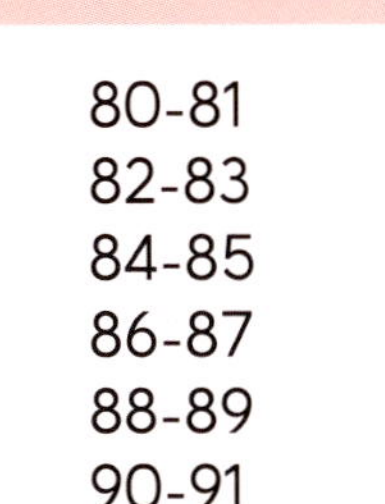

Gewürze und Öle

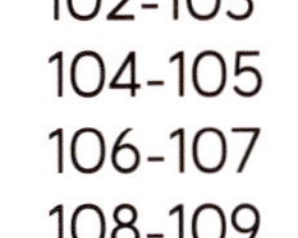

Salatdressings

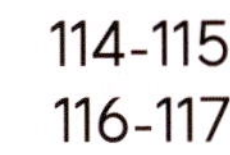

Teige

Backwaren

Süßspeisen

Kuchen

Getränke

Schon gewusst?

Deckel als Trichter

SCHON GEWUSST?

Wer kennt es nicht? Du hast gerade Vanillezucker oder etwas anderes gemacht, möchtest es in ein Glas umfüllen und du hast gerade keinen Trichter zur Hand. Nutze hierzu einfach deinen Mixtopfdeckel als Einfüllhilfe.

VANILLEZUCKER

Grundrezepte

Ich fand das Rezept: ☺ 😐 ☹

Vanillezucker

Zutaten:
- 500 g Zucker
- 2 Vanilleschoten

Zubereitung:
1. 200 g Zucker und die Vanilleschoten (in Stücken) in den Mixtopf geben und **10 Sek. / Stufe 10** zerkleinern.
2. Die restlichen 300 g Zucker zugeben und **10 Sek. / Stufe 3.**
3. In ein Schraubglas umfüllen.

Ich fand das Rezept:

Zum Befetten von Kuchen- und Steinformen bestens geeignet.

Backtrennmittel

Zutaten:
- 100 g Öl
- 100 g Mehl
- 100 g Palmin® soft (reines Pflanzenfett)

Zubereitung:
1. Öl, Mehl und Palmin® soft in den Mixtopf geben **2 Min. / Stufe 4.**
2. Backtrennmittel in Gläser füllen und in den Kühlschrank geben.

Ich fand das Rezept:

Gemüsebrühpaste

Zutaten:

- 1 kg Suppengemüse
- 2 Zwiebeln
- 1 Knoblauchzehe
- 200 g grobes Meersalz

Zubereitung:

1. Suppengemüse (in Stücken), Zwiebeln (halbiert) und die Knoblauchzehe in den Mixtopf geben und mit Hilfe des Spatels **10 Sek. / Stufe 10** zerkleinern.
2. Das grobe Meersalz dazugeben und **30 Min. / Varoma / Stufe 1** aufkochen.
3. Ansteigend von **Stufe 1 bis Stufe 10** pürieren.

Verwende zum Entnehmen immer einen sauberen Löffel – so bleibt die Paste einige Monate im Kühlschrank haltbar.

Ich fand das Rezept:
3 Tl Pulver in eine Tasse
mit heißer Milch einrühren
und ggf. etwas süßen.

Cappuccino Pulver

Zutaten:
- 200 g kalte Schokolade
- 150 g Kaffeeweißer
- 50 g Instantkaffee
- 50 g Puderzucker

Zubereitung:
1. Schokolade in den Mixtopf geben **20 Sek. / Stufe 10.**
2. Kaffeeweißer, Instantkaffee und Puderzucker zugeben **10 Sek. / Stufe 5.**

Ich fand das Rezept:

Eiskaffeepulver

Zutaten:

- 350 g Zucker
- 150 g Instantkaffee
- 2 EL Backkakao
- 40 g Vanillezucker

Zubereitung:

1. Alle Zutaten in den Mixtopf geben **25 Sek. / Stufe 10.**

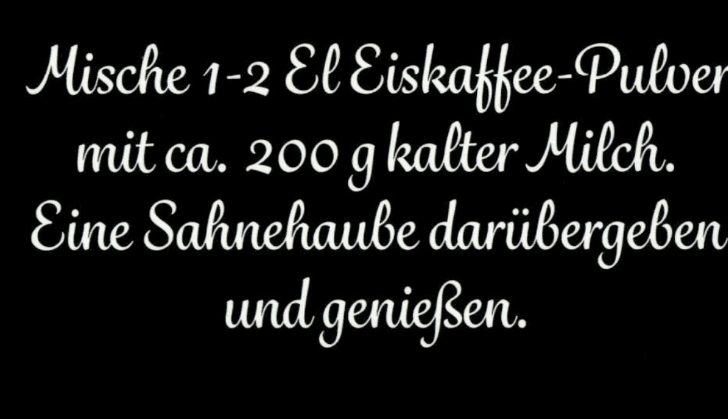

Ich fand das Rezept:

Granola
Schoko-Bananen-Müsli

Zutaten:
- 200 g gemischte Nüsse
- 200 g Honig
- 350 g Haferflocken
- ca. 100 g getrocknete Bananenchips
- ca. 100 g Schokoladenstückchen

Zubereitung:
1. Nüsse in den Mixtopf geben **3 Sek. / Stufe 5.**
2. Gemahlene Nüsse umfüllen.
3. Honig in den Mixtopf geben **3 Min. / 70°C / Stufe 1.**
4. Haferflocken und Nüsse zugeben **2 Min. / 70°C / LL / Stufe 1.**
5. Nussmasse auf ein Backblech geben und **ca. 30 Min. bei 150°C Umluft** rösten. (Ab und zu umrühren!)
6. Abkühlen lassen, getrocknete Bananenchips und Schokoladenstückchen zugeben.

Ich fand das Rezept:

Eier kochen

Zutaten:

- 500 g Wasser
- Eier

Zubereitung:

1. Wasser in den Mixtopf geben.
2. Eier ins Garkörbchen geben und in den Mixtopf einsetzen.

11 Min. / Varoma / Stufe 1 – sehr weich.
13 Min. / Varoma / Stufe 1 – leicht fest.
15 Min. / Varoma / Stufe 1 – hart gekocht.

Ich fand das Rezept:

Paniermehl

Zutaten:

- Harte/getrocknete Brötchen

Zubereitung:

1. Gewünschte Brötchenmenge in Stücken in den Mixtopf geben **8 Sek. / Stufe 8.**

Wenn dir das Paniermehl noch zu grob ist, einfach nochmals ein paar Sekunden auf Stufe 8 zerkleinern.

Ich fand das Rezept:

Apfelmus

Zutaten:
- 750 g Äpfel in Stücken
- 20 g Zitronensaft
- 50 g Zucker
- 1 EL Vanillezucker

Zubereitung:
1. Alle Zutaten in den Mixtopf geben **9 Min. / 100°C / Stufe 1.**
2. Danach Minuten **20 Sek. / Stufe 10** pürieren.
3. In Gläser füllen und verschließen.

Ich fand das Rezept:

☺ 😐 ☹

Pesto grün

Zutaten:

- 3 Knoblauchzehen
- ½ TL Chiliflocken
- 1 Topf frisches Basilikum (alle Blätter)
- 50 g Pinienkerne
- ½ TL Salz
- ½ TL Zucker
- 50 g Parmesan
- 100 g Olivenöl
- 2 TL Balsamicoessig hell

Zubereitung:

1. Knoblauchzehen und Chiliflocken in den Mixtopf geben **5 Sek. / Stufe 5.**
2. Basilikumblätter, Pinienkerne, Salz, Zucker und Parmesan zugeben **10 Sek. / Stufe 6.**
3. Thermomix auf **Stufe 2** stellen und Olivenöl langsam durch die Deckelöffnung fließen lassen.
4. Balsamicoessig dazugeben **15 Sek. / Stufe 6.**

Ich fand das Rezept:

Pesto rot

Zutaten:
- 1 Knoblauchzehe
- ½ TL Chiliflocken
- 100 g getrocknete Tomaten in Öl
- 100 g Parmesan (gerieben)
- 20 g Pinienkerne
- ½ TL Salz
- 20 Blätter frisches Basilikum
- ½ TL Zucker
- 2 TL Tomatenmark
- 150 g Olivenöl

Zubereitung:
1. Knoblauchzehe und Chiliflocken in den Mixtopf geben **5 Sek. / Stufe 5.**
2. Getrocknete Tomaten, Parmesan, Pinienkerne, Salz, Basilikumblätter, Zucker und Tomatenmark zugeben **10 Sek. / Stufe 6.**
3. Thermomix auf **Stufe 2** stellen und Olivenöl langsam durch die Deckelöffnung fließen lassen.
4. Zum Schluss nochmals **15 Sek. / Stufe 6** vermengen.

Schmeckt hervorragend zu Pasta mit etwas frisch geriebenem Parmesan.

Ich fand das Rezept:

Pizzatoast-Aufstrich (ca. 15 Toast)

Zutaten:

- Toastbrot

Zutaten für den Aufstrich:

- 150 g Schinken in Würfeln
- 150 g Salami in Würfeln
- 200 g Schmelzkäse
- 200 g Sahne
- 150 g geriebener Käse
- 4 getrocknete Tomaten in Öl
- 2 TL Italienischwürzer
- Salz/Pfeffer

Zubereitung:

1. Schinken und Salami schneiden und in den Mixtopf geben.
2. Alle restlichen Zutaten der Masse zugeben **10 Sek. / LL / Stufe 4.**
3. Den Aufstrich auf Toastbrotscheiben streichen und **ca. 30 Minuten** im vorgeheizten Backofen bei **200°C O/U** backen.

Den Aufstrich kannst du einige Stunden vorher zubereiten.

Ich fand das Rezept:

Semmelknödel (8–10 Stück)

Zutaten:

- 10 alte geschnittene Semmel
- 3 Eier
- 1 EL Mehl
- Salz/Pfeffer
- 1 TL Alleswürzer
- etwas Petersilie
- ca. 300 g lauwarme Milch
- 1 Liter Wasser
- 1 TL Salz

Zubereitung:

1. Alte Semmel, Eier, Mehl, Salz/Pfeffer, Alleswürzer, Petersilie und lauwarme Milch in eine Schüssel geben und gut miteinander vermengen.
2. 8-10 Knödel formen und in den Varoma geben.
3. Wasser und 1 TL Salz in den Mixtopf geben und den Varoma mit den Knödeln aufsetzen **30 Min. / Varoma / Stufe 1.**

Friere die Knödel ein und
du hast immer welche auf Vorrat.

Ich fand das Rezept:

Kartoffelknödel (8-10 Stück)

Zutaten:

- 1 kg Kartoffeln
- 1 Eigelb
- Salz/Pfeffer
- etwas Muskat
- 70-100 g Kartoffelstärkemehl
- 1 Liter Wasser

Zubereitung:

1. Kartoffeln mit Schale in einem Topf kochen.
2. Kartoffeln pellen und durch eine Kartoffelpresse drücken und in eine Schüssel geben.
3. Eigelb, Salz/Pfeffer, etwas Muskat und das Kartoffelstärkemehl zu den Kartoffeln geben und alles gut vermischen bis eine formbare Konsistenz entsteht.
4. 8-10 Knödel formen und in den Varoma geben.
5. Wasser in den Mixtopf geben und Varoma aufsetzen **20 Min. / Varoma / Stufe 1.**

Übrig gebliebene Knödel kannst du am nächsten Tag in Scheiben schneiden und in der Pfanne mit etwas Butter ausbraten.

Käse reiben

SCHON GEWUSST?

Falls du gerade keinen geriebenen Käse zuhause vorrätig hast und keine Lust hast den Käse selbst zu reiben, gib einfach Käsestücke in den Mixtopf und zerkleinere diese bei **6 Sek. / Stufe 6.**

Ich fand das Rezept:

Reis kochen

Zutaten:
- 1 Liter Wasser
- 1 TL Salz
- 1 EL Öl
- Reis

Zubereitung:
1. Wasser, Salz und Öl in den Mixtopf geben.
2. Garkörbchen einhängen und gewünschte Reismenge einfüllen.
3. **5 Sek. / Stufe 10** spülen.
4. Danach **20 Min. / 100°C / Stufe 4** kochen.

Ich fand das Rezept:

Flammkuchen klassisch
(1 Blech oder 2 Runde)

Zutaten:

- 120 g lauwarmes Wasser
- 20 g Öl
- 1 TL Salz
- 250 g Mehl
- 150 g Speckwürfel
- 200 g Schmand
- 2 Zwiebeln
- etwas Schnittlauch

Zubereitung:

1. Wasser, Öl, Salz und Mehl in den Mixtopf geben **1 Min. / Teigknetstufe.**
2. Teig ausrollen und mit Schmand bestreichen.
3. Speckwürfel und Zwiebeln darauf geben und in einem Pizzaofen oder **ca. 20 Min. bei 250°C O/U** im Backofen backen.
4. Mit frischen Schittlauchröllchen garnieren und servieren.

Probiere statt der klassischen Variante Beläge nach deinen Wünschen aus.

Ich fand das Rezept:

Zuckerguss

Zutaten:

- 150 g Zucker
- 15 g Wasser
- 10 g Zitronensaft

Zubereitung:

1. Zucker in den Mixtopf geben **15 Sek. / Stufe 10.**
2. Wasser und Zitronensaft zugeben **15 Sek. / Stufe 4.**
3. Zuckerguss sofort verwenden.

Ich fand das Rezept:

Kartoffeln kochen

Zutaten:
- 500 g Wasser
- 1 TL Salz
- Kartoffeln

Zubereitung:
1. Wasser und Salz in den Mixtopf geben.
2. Garkörbchen einsetzen.
3. Kartoffel schälen und ins Garkörbchen geben.
4. Kartoffeln **25 Min. / Varoma / Stufe 1** kochen.

Für größere Mengen Kartoffeln zusätzlich
Varomaaufsatz verwenden.

Ich fand das Rezept:

Kartoffelgratin

Zutaten:

- 10 mittelgroße Kartoffeln
- 2 Knoblauchzehen
- 200 g Sahne
- Salz/Pfeffer
- geriebener Käse

Zubereitung:

1. Kartoffeln schälen und in Scheiben hobeln.
2. Kartoffelscheiben in eine Auflaufform geben.
3. Knoblauchzehen in den Mixtopf geben **3 Sek. / Stufe 5.**
4. Sahne, Salz und Pfeffer zugeben **8 Sek. / Stufe 5.**
5. Sahnesauce über die Kartoffeln geben.
6. Im Backofen **ca. 60 Minuten bei 200°C O/U** backen.
7. **10 Minuten** vor Ende etwas geriebenen Käse darauf geben.

Ich fand das Rezept:

Frühstücks Bowl

Zutaten:

- 150 g TK Obst nach Wahl
- 10 g Chiasamen
- 100 g Milch
- 50 g Naturjoghurt
- 50 g Haferflocken

Zubereitung:

1. TK Obst und Chiasamen in den Mixtopf geben **10 Sek. / Stufe 10.**
2. Milch, Joghurt und Haferflocken zugeben **30 Sek. / Stufe 5.**
3. In eine Schüssel geben und mit frischem Obst, Nüssen etc. belegen.

Beilagen

Ich fand das Rezept:

Tsatsiki

Zutaten:
- 2 Knoblauchzehen
- 1/2 entkernte Salatgurke
- 1/2 TL Salz
- etwas Pfeffer
- 250 g Magerquark
- 100 g Naturjoghurt
- 1 TL Zitronensaft

Zubereitung:
1. Knoblauchzehen in den Mixtopf geben und zerkleinern **5 Sek. / Stufe 5.**
2. Salatgurke zu den zerkleinerten Knoblauchzehen zugeben **8 Sek. / Stufe 4.**
3. Alles mit dem Spatel nach unten schieben.
4. Salz, Pfeffer, Quark, Naturjoghurt und Zitronensaft dazugeben **10 Sek. / Stufe 4.**
5. Umfüllen und schön kalt genießen!

Gut durchziehen lassen!

Ich fand das Rezept:

Tomatenbutter

Zutaten:

- 100 g getrocknete Tomaten in Öl
- 2 Knoblauchzehen
- 1 TL Kräutersalz
- 250 g weiche Butter

Zubereitung:

1. Getrocknete Tomaten und Knoblauchzehen in den Mixtopf geben **5 Sek. / Stufe 5.**
2. Kräutersalz und weiche Butter zugeben **5 Sek. / Stufe 6.**
3. In die gewünschte Form bringen oder in eine Eiswürfelform geben und im Kühlschrank aufbewahren.

Ich fand das Rezept:

Knoblauchbutter

Zutaten:

- 5 Knoblauchzehen
- 1 TL Salz
- 250 g weiche Butter

Zubereitung:

1. Knoblauchzehen in den Mixtopf geben **3 Sek. / Stufe 5.**
2. Salz und Butter zugeben **5 Sek. / Stufe 6.**
3. In die gewünschte Form bringen oder in eine Eiswürfelform geben und im Kühlschrank aufbewahren.

Ich fand das Rezept:

Kräuterbutter

Zutaten:

- 10 g Petersilie
- 10 g Schnittlauch
- 1 Knoblauchzehe
- 1 TL Salz
- 250 g weiche Butter

Zubereitung:

1. Petersilie, Schnittlauch und Knoblauchzehe in den Mixtopf geben und **5 Sek. / Stufe 5** zerkleinern.
2. Salz und Butter (in sechs Stücken) dazugeben und **5 Sek. / Stufe 6** verrühren.
3. In die gewünschte Form bringen oder in eine Eiswürfelform geben und im Kühlschrank aufbewahren.

Du kannst die Kräuterbutter
auf Vorrat einfrieren.

Ich fand das Rezept:

Kartoffelpüree

Zutaten:
- 700 g Wasser
- 2 TL Salz (1 TL + 1 TL)
- 800 g Kartoffeln
- 100 g Milch
- 80 g Sahne
- 40 g Butter
- 1 Prise Muskat

Zubereitung:
1. Wasser und 1 TL Salz in den Mixtopf geben.
2. Kartoffeln schälen, in Würfel schneiden und in das Garkörbchen geben.
3. Garkörbchen in den Mixtopf einsetzen **30 Min. / Varoma / Stufe 1.**
4. Kartoffeln entnehmen und Garflüssigkeit wegschütten.
5. Milch und Sahne in den Mixtopf geben **2 Min. / 100°C / Stufe 4.**
6. Rühreinsatz einsetzen.
7. Kartoffeln, Butter, 1 TL Salz und Muskat zugeben **10 Sek. / Stufe 4.**

Ich verwende vorwiegend
festkochende Kartoffeln.

Verfärbung des Mixtopfdeckels

SCHON GEWUSST?

Wenn du etwas mit Curry oder Tomaten kochst, kann es sein, dass dein Mixtopfdeckel sich rot/orange verfärbt.
Lege deinen Deckel einfach in die Sonne und nach ein paar Stunden ist er wieder wie vorher.

Suppen

Ich fand das Rezept:

Flädlesuppe

Zutaten:

- 1 Liter Wasser
- 40 g Alleswürzer
- Pfannkuchen

Zubereitung:

1. Wasser und Alleswürzer in den Mixtopf geben **12 Min. / 100°C / Stufe 2.**
2. Pfannkuchen in schmale Streifen schneiden und zur Brühe geben.

Das Rezept für die Pfannkuchen findest du auf Seite 148–149.

Ich fand das Rezept:

Tomatensuppe

Zutaten:

- 1 Knoblauchzehe
- 1 Zwiebel
- etwas Olivenöl
- 1 kg Tomaten (geviertelt)
- 150 g Tomatenmark
- 50 g Rotwein
- 1 TL Zucker
- 1 TL Salz
- etwas Pfeffer
- 2 TL Italienischwürzer
- 1 EL Alleswürzer
- 300 g Wasser
- 100 g Sahne

Zubereitung:

1. Knoblauchzehe und Zwiebel (halbiert) in den Mixtopf geben und zerkleinern **3 Sek. / Stufe 5.**
2. Etwas Olivenöl zugeben und **3 Min. / Varoma / Stufe 1** andünsten.
3. Alle restlichen Zutaten bis auf die Sahne in den Mixtopf geben und aufkochen **15 Min. / 100°C / Stufe 2.**
4. Die Sahne zugeben und ansteigend von **Stufe 1 bis Stufe 10** pürieren.

Den Wein kannst du auch durch Wasser ersetzen.

Als Suppeneinlage
eignen sich super Brotwürfel
oder Reis.

Ich fand das Rezept:

Cremesuppe

Zutaten:

- 600 g Gemüse nach Wahl (z. B.: Zucchini, Kartoffeln, Lauch, Karotten etc.)
- 30 g Öl
- 600 g Wasser
- 2 EL Alleswürzer
- Salz/Pfeffer
- 200 g Sahne

Zubereitung:

1. Gemüse in Stücke schneiden und in den Mixtopf geben **5 Sek. / Stufe 5.**
2. Öl zugeben **5 Min. / Varoma / Stufe 1.**
3. Wasser, Alleswürzer, Salz und Pfeffer in den Mixtopf geben **20 Min. / 100°C / Stufe 1.**
4. Ansteigend von **Stufe 1 bis Stufe 10** pürieren.
5. Sahne zugeben **10 Sek. / Stufe 3.**

Zwiebeln zerkleinern und andünsten

SCHON GEWUSST?

Ich schneide nie Zwiebeln mit der Hand und brate sie anschließend in der Pfanne an.
Gib einfach die gewünschte Zwiebelmenge in den Mixtopf (**Denk aber daran:** Für ein gleichmäßiges Ergebnis solltest du die Zwiebeln halbieren.) und zerkleinere sie **3 Sek. / Stufe 5.**
Gib anschließend etwas Öl oder Butter dazu und brate sie **3 Min. / Varoma / Stufe 1** an.

In den Mixtopf geben

Zerkleinern

Andünsten

Saucen

Ich fand das Rezept:

Pizzasauce auf Vorrat

Zutaten:

- 2 Zwiebeln
- 2 Knoblauchzehen
- 20 g Olivenöl
- 400 g frische Tomaten (halbiert)
- 140 g Tomatenmark
- 1 TL Paprika geräuchert
- 2 EL brauner Zucker
- 3 TL Italienischwürzer
- 2 EL Balsamicoessig dunkel
- 1 TL Salz
- 1 TL Pfeffer

Zubereitung:

1. Zwiebel (halbiert) und Knoblauchzehen in den Mixtopf geben **3 Sek. / Stufe 5.**
2. Olivenöl zugeben **3 Min. / Varoma / Stufe 1.**
3. Alle restlichen Zutaten in den Mixtopf geben **15 Min. / 100°C / Stufe 1** kochen. Anstatt des Messbechers das Garkörbchen als Spritzschutz aufsetzen!
4. **15 Sek. / Stufe 8** pürrieren.
5. Sofort in Gläser füllen und verschließen.

Mehrere Monate haltbar.

Du kannst die Zutaten
auch verdoppeln.

Ich fand das Rezept:

Tomatensauce

Zutaten:
- 1 Zwiebel
- 1 Knoblauchzehe
- etwas Öl
- 800 g stückige Tomaten
- 1 TL Alleswürzer
- 2 TL Italienischwürzer
- 2 TL Salz
- 1 TL Zucker

Zubereitung:
1. Zwiebel (halbiert) und Knoblauch in den Mixtopf geben und **3 Sek. / Stufe 5** zerkleinern.
2. Etwas Öl zugeben und andünsten **3 Min. / Varoma / Stufe 1.**
3. Stückige Tomaten, Alleswürzer, Italienischwürzer, Salz und Zucker zugeben und **30 Min. / 100°C / Stufe 1** aufkochen.

Schmeckt auch sehr gut als Pizzasauce.

Ich fand das Rezept:

RuckZuck Hollandaise

Zutaten:

- 50 g Mehl
- 90 g Butter
- 200 g Milch
- 180 g Wasser
- 1 Ei
- 1 TL Salz
- etwas Pfeffer
- 1 Prise Zucker
- 1 TL Alleswürzer
- 1 Spritzer Zitronensaft

Zubereitung:

1. Alle Zutaten in den Mixtopf geben und **5 Min. / 70°C / Stufe 4** verrühren.

Schmeckt sehr lecker zu Spargel.

Ich fand das Rezept:

Helle Sauce

Zutaten:

- 400 g Wasser
- 2 TL Alleswürzer
- 100 g Kräuterfrischkäse
- 1 EL Röstzwiebel
- Salz/Pfeffer
- 2 TL Mehl
- 1 TL Zitronensaft

Zubereitung:

1. Alle Zutaten in den Mixtopf geben **5 Sek. / Stufe 5.**
2. Sauce **5 Min. / 100°C / Stufe 2** aufkochen.
3. Sauce **10 Sek. / Stufe 8** aufschäumen.

Schmeckt sehr lecker zu Fisch
und Gemüse.

Sehr gut für
Spaghetti Bolognese,
aber auch für Lasagne
bestens geeignet

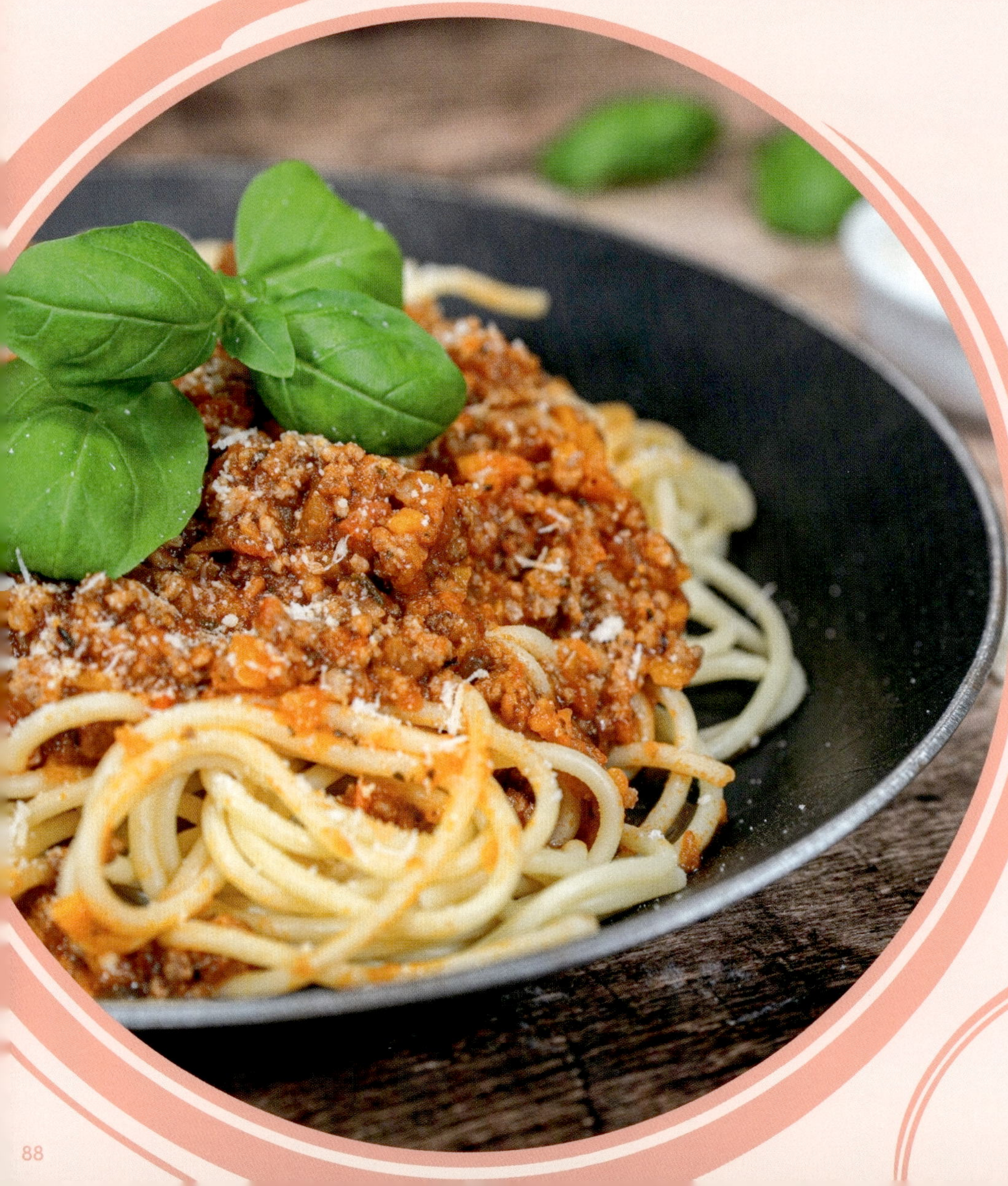

Bolognese Sauce

Zutaten:

- 500 g Rinderhackfleisch
- 1 Zwiebel
- 1 Knoblauchzehe
- 1 Karotte
- 50 g Sellerie
- etwas Öl
- 800 g stückige Tomaten
- 200 g Wasser
- 1 TL Alleswürzer
- 2 TL Italienischwürzer
- 2 TL Salz
- 1 TL Zucker

Zubereitung:

1. Rinderhackfleisch in eine Pfanne geben und scharf anbraten.
2. Zwiebel (halbiert), Knoblauchzehe, Karotte und Sellerie in Stücken in den Mixtopf geben **8 Sek. / Stufe 5.**
3. Etwas Öl zugeben **3 Min. / Varoma / Stufe 1.**
4. Stückige Tomaten, Wasser, Alleswürzer, Italienischwürzer, Salz, Zucker und das angebratene Hackfleisch mit in den Mixtopf geben **30 Min. / 100°C / LL / Stufe 1.**

Ich fand das Rezept:

Ketchup

Zutaten:

- 130 g rote Zwiebeln
- 1 kg Tomaten
- 180 g rote Paprika
- 2 Knoblauchzehen
- 100 g Rotweinessig (50 g + 50 g)
- 1 Prise Muskat
- 10 Senfkörner
- 10 Pfefferkörner
- 1 Lorbeerblatt
- 1 TL Paprika rosenscharf
- 1 Prise Cayenne Pfeffer
- 1 TL Salz
- 100 g Honig

Zubereitung:

1. Rote Zwiebeln (halbiert), Tomaten (geviertelt), rote Paprika (in Stücke), Knoblauchzehen und 50 g Rotweinessig **5 Sek. / Stufe 7.**
2. Danach **40 Min. / Varoma / Stufe 2** kochen. Anstatt des Messbechers das Garkörbchen als Spritzschutz verwenden.
3. 50 g Rotweinessig, Muskat, Senfkörner, Pfefferkörner, Lorbeerblatt, Paprika rosenscharf, Cayenne Pfeffer, Salz und Honig mit in den Mixtopf geben
   18 Min. / Varoma / Stufe 2 (mit Messbecher).
4. Danach **1 Min. / Stufe 10** pürieren.
5. Heiß in Schraubgläser füllen und **10 Minuten** auf den Kopf stellen.

Im Kühlschrank
3 Monate haltbar!

Ich fand das Rezept:

Béchamelsauce

Zutaten:

- 500 g Milch
- 40 g weiche Butter
- 50 g Mehl
- 1/2 TL Salz
- 1 Prise Muskat
- etwas Pfeffer

Zubereitung:

1. Alle Zutaten in den Mixtopf und **8 Min. / 90°C / Stufe 4** verrühren.

Damit verfeinerst du deine Lasagne!

Ich fand das Rezept:

Currywurst Sauce

Zutaten:

- 2 Zwiebeln
- 1 Knoblauchzehe
- 60 g Butter
- 40 g Zucker
- 800 g stückige Tomaten
- 500 g Ketchup
- 60 g Tomatenmark
- 4 EL Currypulver
- 1 EL Alleswürzer
- 1 EL Apfelessig
- 2 TL Salz
- 2 TL Sambal Oelek

Zubereitung:

1. Zwiebeln (halbiert) und Knoblauchzehe in den Mixtopf geben **3 Sek. / Stufe 5.**
2. Butter und Zucker zugeben **3 Min. / Varoma / Stufe 1.**
3. Alle restlichen Zutaten mit in den Mixtopf geben. **20 Min. / 100°C / Stufe 2.**
4. In Schraubgläser füllen.

Sauce ist 4–6 Wochen
in Gläsern im Kühlschrank haltbar.

Ich fand das Rezept:

Jägersauce

Zutaten:

- etwas Petersilie
- 2 Zwiebeln
- 400 g Champignons
- etwas Öl
- 400 g Sahne
- 200 g Wasser
- 1 EL Alleswürzer
- 2 EL Speisestärke
- Salz/Pfeffer
- 3 EL Sojasauce

Zubereitung:

1. Petersilie und Zwiebeln (halbiert) in den Mixtopf geben **3 Sek. / Stufe 5.**
2. Champignons (geviertelt) und etwas Öl zugeben **8 Min. / 100°C / LL / Sanftrührstufe.**
3. Alle restlichen Zutaten mit in den Mixtopf geben **18 Min. / 100°C / LL / Sanftrührstufe.**

Eier trennen

SCHON GEWUSST?

Nimm dazu einfach dein Garkörbchen und gib das Ei hinein. Das Eiweiß sickert durch und das Eigelb bleibt im Garkörbchen.
(Wenn versehentlich eine Eierschale mit hineinfällt, verfängt sich diese auch im Garkörbchen.)

Gewürze & Öle

Ich fand das Rezept:

Kräutersalz

Zutaten:
- 200 g Salz
- 10 gehäufte TL Italienischwürzer

Zubereitung:

1. Salz und Italienischwürzer in den Mixtopf geben und **10 Sek. / Stufe 10** zerkleinern.
2. In ein Glas oder einen Streuer füllen.

Ich fand das Rezept:

Chilisalz

Zutaten:

- 100 g Chilis (ohne Strunk)
- 300 g grobes Meersalz
- 10 g Pfefferkörner
- 2 TL Italienischwürzer

Zubereitung:

1. Chilis, Meersalz, Pfefferkörner und Italienischwürzer in den Mixtopf geben und **12 Sek. / Stufe 5** zerkleinern.
2. Ein Backblech mit Backpapier belegen und die Chilisalz-Masse darauf verteilen.
3. Backblech in den Backofen geben.
4. Bei **80°C Umluft ca. 1,5-2 Stunden** im Backofen trocknen. Währenddessen mithilfe eines Kochlöffels aus Holz die Backofentüre einen Spalt offenstehen lassen.

Wenn dir das Chilisalz noch zu grob ist, zerkleinere es im Thermomix® noch ein paar Sekunden auf Stufe 5 bis die gewünschte Konsistenz erreicht ist.

Ich fand das Rezept:

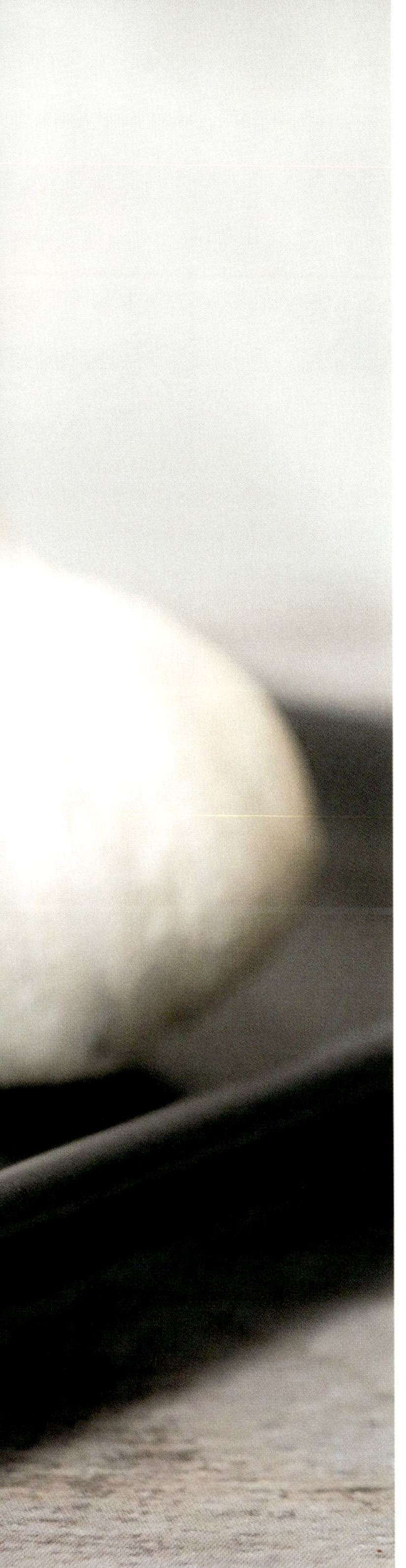

Knoblauchöl

Zutaten:
- 10 große Knoblauchzehen
- 10 g Salz
- 150 g Öl

Zubereitung:
1. Knoblauchzehen in den Mixtopf geben **5 Sek. / Stufe 5.**
2. Alles mit dem Spatel nach unten schieben.
3. Salz und Öl zugeben **20 Min. / 80°C / Stufe 1.**
4. In ein Glas füllen und abkühlen lassen. Danach verschließen.

Ich fand das Rezept:

Chiliöl

Zutaten:
- 5 TL Chiliflocken
- 10 g Salz
- 150 g Öl

Zubereitung:
1. Chiliflocken in den Mixtopf geben **5 Sek. / Stufe 5.**
2. Salz und Öl zugeben **5 Min. / 100°C / Stufe 1.**
3. In ein Glas füllen und abkühlen lassen. Danach verschließen, kühl und dunkel lagern.

Nicht in den Kühlschrank geben!
6–8 Wochen haltbar.

Salat schleudern

SCHON GEWUSST?

Salat schleudern ist genauso wichtig, wie das Waschen!
Durch das Schleudern verhinderst du einen wässrigen Salat. Gib den Salat einfach nach dem Waschen in eine Salatschleuder und schleudere ihn solange, bis er schön trocken ist. Dadurch verdünnt sich das Dressing nicht mit dem Waschwasser und schmeckt so am besten.

Salatdressings

Ich fand das Rezept:

Joghurtdressing

Zutaten:

- Handvoll Petersilie
- 2 Knoblauchzehen
- 150 g Naturjoghurt
- 25 g Balsamicoessig hell
- 50 g Wasser
- 2 TL Zucker
- 2 TL Alleswürzer
- 1 TL mittelscharfer Senf
- 30 g Olivenöl

Zubereitung:

1. Petersilie und Knoblauchzehen in den Mixtopf geben **5 Sek. / Stufe 5.**
2. Alle restlichen Zutaten zugeben **8 Sek. / Stufe 5.**

Ich fand das Rezept:

Salatdressing (Essig/Öl)

Zutaten:

- 3 Knoblauchzehen
- 1 Handvoll Petersilie
- 120 g Öl
- 250 g Wasser
- 125 g Balsamicoessig hell
- 20 g mittelscharfer Senf
- 20 g Zucker
- 2 TL Salz

Zubereitung:

1. Knoblauchzehen und Petersilie in den Mixtopf geben und zerkleinern **5 Sek. / Stufe 5.**
2. Alle restlichen Zutaten zugeben und **8 Sek. / Stufe 5** verrühren.

Teige

Ich fand das Rezept:

Pizza
(mit und ohne Gehzeit)
4 Runde oder 2 Backbleche

Zutaten:
- 500 g Mehl Typ 00
- 4 g Hefe
- 15 g Salz
- 325 g Wasser
- etwas Semola

Ohne Gehzeit:
- + 1 Päckchen Trockenhefe

Zubereitung:
1. Mehl, Hefe, Salz und Wasser (+ Trockenhefe) in den Mixtopf geben und **5 Min. / Teigknetstufe** verkneten.
2. Teig portionieren und jeweils zu kleinen Kugeln rundwirken. (à Kugel ca. 200 g).
3. Teiglinge wenn möglich in eine Teigballenbox geben und ggf. **1,5h** bei Raumtemperatur luftdicht verschlossen ruhen lassen.
4. Teigmatte mit Semola ausstreuen und Teigling durch drücken und ziehen mit den Händen ausbreiten. (Wenn möglich kein Mehl verwenden)
5. Nach Belieben belegen.
6. Im Backofen bei höchster **Stufe O/U** auf oberster Schiene **ca. 8-10 Minuten backen.**

Beim Belegen erst die Tomatensauce, dann Käse und zuletzt den Belag verteilen. Die Verwendung eines Nudelholzes beim Ausbreiten zerstört die Teigstruktur.

Ich fand das Rezept:

Hefeteig süß

Zutaten:

- 350 g Mehl
- 15 g Hefe
- 50 g Butter
- 1 Eigelb
- 1 Ei
- 30 g Zucker
- 1 Prise Salz
- 160 g Milch
- 1 Spritzer Zitronensaft
- ½ TL Vanillezucker

Zubereitung:

1. Alle Zutaten in den Mixtopf geben **5 Min. / Teigknetstufe.**
2. Teig in eine Schüssel geben und **30 Minuten** abgedeckt gehen lassen.
3. Nach Belieben weiterverarbeiten. z. B. Schnecken, Zopf...

Der Teig ist sehr klebrig, das ist normal.

Ich fand das Rezept:

Du kannst die Zutatenmenge nach Bedarf beliebig halbieren oder verdoppeln

Waffelteig
(ca. 12 Waffeln)

Zutaten:

- 3 Eier
- 120 g Zucker
- 20 g Vanillezucker
- 125 g weiche Butter
- 1 Prise Salz
- 250 g Milch
- 250 g Mehl
- 1/2 Päck. Backpulver

Zubereitung:

1. Eier, Zucker, Vanillezucker und die Butter in den Mixtopf geben **15 Sek. / Stufe 6.**
2. Salz, Milch, Mehl und Backpulver dazugeben **5 Sek. / Stufe 5.**
3. Teig portionsweise in ein Waffeleisen geben und ca. 12 Waffeln ausbacken.

Ich fand das Rezept:

Nudelteig

Zutaten:
- 125 g Mehl
- 125 g Weichweizengrieß
- 1 Ei
- 1 EL Öl
- 4 EL Wasser

Zubereitung:
1. Alle Zutaten in den Mixtopf geben und **2 Min. / Teigknetstufe** verkneten.
2. Die Brösel zu einem runden Teig formen bis keine Brösel mehr zu sehen sind.
3. Teig mindestens eine **halbe Stunde** in den Kühlschrank geben.
4. Den Nudelteig durch eine Nudelmaschine drehen oder ganz dünn ausrollen und die gewünschten Nudeln selbst schneiden.
5. Zum Schluss die Nudeln **ein paar Minuten** in einem Kochtopf mit kochendem Salzwasser garen.
6. Nudeln entnehmen und abschrecken.

Falls der Teig zu hart ist, einfach ein wenig befeuchten.

Ich fand das Rezept:

Spätzle

Zutaten:
- 500 g Mehl
- 5 Eier
- 2 TL Salz
- 150 g Mineralwasser mit Kohlensäure
- Wasser (einen Kochtopf voll)

Zubereitung:
1. Mehl, Eier, Salz und das Mineralwasser in den Mixtopf geben und **2 Min. / Teigknetstufe** verkneten.
2. Einen Kochtopf mit Wasser und etwas Salz aufsetzen und warten bis es kocht.
3. Spätzleteig in das kochende Wasser hobeln.
4. Wenn die Spätzle im Salzwasser oben schwimmen, sind sie fertig und können entnommen werden.

Spätzle kannst du auf Vorrat einfrieren.

Mehl mahlen

SCHON GEWUSST?

Mahle Mehl ganz einfach ohne Mühle! Gib deine gewünschten Getreidekörner in den Mixtopf und mahle sie **1 Min. / Stufe 10** und du erhältst ein frisch gemahlenes Mehl, das du beliebig weiterverarbeiten kannst.

Backwaren

Ich fand das Rezept:

Brot

Zutaten:

- 300 g Wasser
- 20 g frische Hefe
- 500 g Mehl
- 2 TL Salz

Zubereitung:

1. Wasser und die Hefe in den Mixtopf geben **3 Min. / 37°C / Stufe 1.**
2. Mehl und Salz zu der aufgelösten Hefe geben **5 Min. / Teigknetstufe.**
3. Teig in eine Schüssel geben und abgedeckt **1 Stunde** gehen lassen.
4. Nach der Gehzeit einen Laib falten und im nicht vorgeheizten Backofen bei **240°C O/U ca. 1 Stunde** backen.

Alternativ zu Weizenmehl kannst du auch Dinkelmehl Typ 630 verwenden.

Du kannst nach Belieben
Körner dazugeben.

Ich fand das Rezept:

Teig ist sehr klebrig, kein zusätzliches Mehl dazugeben!

Brötchen

Zutaten:

- 200 g Wasser
- 100 g Milch
- 1 Würfel Hefe
- 10 g Butter
- 1 TL Zucker
- 500 g Mehl
- 2 TL Salz

Zubereitung:

1. Wasser, Milch, Hefe, Butter und Zucker in den Mixtopf geben **3 Min. / 37°C / Stufe 1.**
2. Mehl und Salz zugeben und **3 Min. / Teigknetstufe**.
3. Teig in eine Schüssel geben und abgedeckt **30 Minuten** gehen lassen.
4. Teig in **10** gleich große Stücke teilen.
5. Teiglinge nach innen hin falten, zu runden Kugeln formen und nach Belieben einschneiden.
6. Im vorgeheizten Backofen auf mittlerer Schiene ca. **20-25 Minuten bei 240°C O/U** backen.

Ich fand das Rezept:

Baguette

Zutaten:

- 300 g Wasser
- 20 g Hefe
- 1 Prise Zucker
- 380 g Weizenmehl Typ 550
- 1 TL Salz

Zubereitung:

1. Wasser, Hefe und Zucker in den Mixtopf geben **3 Min. / 37°C / Stufe 1.**
2. Mehl und Salz dazugeben **5 Min. / Teigknetstufe**.
3. Teig **1 Stunde** abgedeckt gehen lassen.
4. Teig in 2-3 Teile teilen und zu einem langen Baguette ziehen. **NICHT KNETEN!**
5. In ein Baguetteblech geben und leicht bemehlen.
6. Im nicht vorgeheiztem Backofen ca. **20 Min. bei 220°C Umluft** backen.

Der Teig ist sehr klebrig, das ist ganz normal :)

Ich fand das Rezept:

Burgerbrötchen (12 Stück)

Zutaten:
- 200 g Wasser
- 1 Würfel Hefe
- 40 g Zucker
- 1 TL Salz
- 500 g Mehl
- 2 Eier (1+1)
- 4 EL Milch
- 80 g weiche Butter
- etwas Sesam

Zubereitung:
1. Wasser und Hefe in den Mixtopf geben **3 Min. / 37°C / Stufe 1.**
2. Zucker, Salz, Mehl, 1 Ei, Milch und weiche Butter zugeben **3 Min. / Teigknetstufe.**
3. Teig in eine Schüssel geben und abgedeckt **1 Stunde** gehen lassen.
4. Teig in 12 Teile teilen und Brötchen formen.
5. Nochmals **30 Minuten** abgedeckt gehen lassen.
6. 1 Ei verquirlen und die Brötchen bestreichen.
7. Sesam darüber streuen.
8. Im vorgeheizten Backofen ca. **20-25 Minuten bei 200°C O/U** backen.

Du kannst die Burgerbrötchen super einfrieren.

Ich fand das Rezept:

Laugenbrezen (8 Stück)

Zutaten:

- 250 g Milch
- 15 g frische Hefe
- 15 g Zucker
- 500 g Mehl
- 30 g weiche Butter
- 25 g Salz (10 g + 15 g)
- etwas grobes Salz
- 2 Liter Wasser
- 40 g Natron

Zubereitung:

1. Milch, Hefe und Zucker in den Mixtopf geben **2 Min. / 37°C / Stufe 1.**
2. Mehl, Butter und 10 g Salz zugeben **5 Min. / Teigknetstufe.**
3. Teig in eine Schüssel geben und **1 Stunde** abgedeckt gehen lassen.
4. Für die Lauge Wasser, 15 g Salz und 40 g Natron in einen Kochtopf geben und aufkochen.
5. Brezen formen und diese jeweils für eine Minute im Laugenbad kochen.
6. Brezen auf ein Backblech geben, grobes Salz darüber streuen und für ca. **15-20 Minuten** im vorgeheizten Backofen bei **220°C O/U** backen.

Ich fand das Rezept:

Zutaten:

- 380 g Wasser
- 20 g frische Hefe
- 20 g Öl
- 550 g Dinkelmehl Typ 630
- 2 TL Salz

Toastbrot

Zubereitung:

1. Wasser, Hefe und Öl in den Mixtopf geben **3 Min. / 37°C / Stufe 1.**
2. Dinkelmehl und Salz zugeben **3 Min. / Teigknetstufe.**
3. Teig 30 Minuten in einer Schüssel abgedeckt gehen lassen.
4. Anschließend Teig in eine Kastenform (30cm) füllen.
5. Im vorgeheizten Backofen zuerst **10 Minuten** bei **230°C O/U** und dann **30 Minuten bei 190°C** backen.

Milchbrötchen (12 Stück)

Zubereitung:

1. Milch, Zucker, Hefe und Salz in den Mixtopf geben **3 Min. / 37°C / Stufe 1.**
2. Butter, Mehl und 2 Eier zugeben **4 Min. / Teigknetstufe.**
3. 12 Teiglinge abstechen und zu Brötchen formen.
4. Auf ein Backblech geben und abgedeckt **30 Min.** gehen lassen.
5. Nach der Gehzeit mit einem verquirlten Ei bestreichen und ca. **15 Minuten bei 200°C Umluft** im Backofen backen.

Zutaten:

- 260 g Milch
- 50 g Zucker
- 1 Würfel Hefe
- 1 Prise Salz
- 80 g weiche Butter
- 500 g Mehl
- 3 Eier (2 + 1)

Süßspeisen

Ich fand das Rezept:

Marmelade

Zutaten:
- 500 g Obst nach Wahl
- 250 g Gelierzucker 2:1
- 1 TL Vanillezucker
- 1 Spritzer Zitronsaft

Zubereitung:
1. Obst (entsteint, in Stücken) in den Mixtopf geben **20 Sek. / Stufe 10.**
2. Alles mit dem Spatel nach unten schieben und **20 Sek. / Stufe 10.**
3. Gelierzucker, Vanillezucker und ein Spritzer Zitronensaft mit in den Mixtopf geben und **13 Min. / 100°C / Stufe 3,5** aufkochen.
4. Zum Schluss in Marmeladengläser füllen und sofort verschließen.

Ich fand das Rezept:

Pfannkuchen (ca. 12 Stück)

Zutaten:
- 5 Eier
- 400 g Milch
- 300 g Mehl
- 1 TL Salz
- etwas Öl

Zubereitung:
1. Eier, Milch, Mehl und Salz in den Mixtopf geben und **30 Sek. / Stufe 4** verrühren.
2. In eine Pfanne etwas Öl geben und ca. 12 Pfannkuchen nach und nach ausbacken.

Gib einen Klecks Marmelade auf den Pfannkuchen, rolle ihn ein und gib etwas Puderzucker darauf.

Flädlesuppe auf Seite 70–71

Ich fand das Rezept:

Schokopudding

Zutaten:
- 50 g Blockschokolade
- 500 g Milch
- 1 Ei
- 20 g Zucker
- 20 g Speisestärke

Zubereitung:
1. Blockschokolade in Stücken in den Mixtopf geben **10 Sek. / Stufe 8** zerkleinern.
2. Alle restlichen Zutaten zugeben **7 Min. / 90°C / Stufe 3.**
3. Pudding in Gläser füllen und warm oder kalt genießen.

Gib in den leeren Mixtopf (mit Puddingresten) etwas Milch, verrühr alles auf Stufe 10 miteinander und genieße eine leckere Schokomilch.

Ich fand das Rezept:

Vanillepudding

Zutaten:
- ½ Vanilleschote
- 500 g Milch
- 1 Ei
- 30 g Zucker
- 1 Prise Salz
- 30 g Speisestärke

Zubereitung:
1. Vanilleschote auskratzen.
2. Vanillemark und Schote zusammen mit den restlichen Zutaten in den Mixtopf geben **7 Min. / 90°C / Stufe 3.**
3. Vanilleschote entfernen und Pudding in Schälchen geben.

Schmeckt sowohl warm als auch kalt.

Ich fand das Rezept:

Eis

Zutaten:
- 50 g Zucker
- 400 g TK Früchte
- 150 g Naturjoghurt

Zubereitung:
1. Zucker in den Mixtopf geben **10 Sek. / Stufe 10.**
2. TK Früchte zugeben **10 Sek. / Stufe 7.**
3. Alles mit dem Spatel nach unten schieben, Joghurt zugeben und **10 Sek. / Stufe 7** verrühren.
4. Alles mit dem Spatel nach unten schieben und nochmal **10 Sek. / Stufe 7.**

Ich fand das Rezept:

Milchreis

Zutaten:
- 1 Liter Milch
- 40 g Butter
- 40 g Vanillezucker
- 1 Prise Salz
- 200 g Milchreis

Zubereitung:
1. Rühreinsatz in den Mixtopf einsetzen.
2. Alle Zutaten in den Mixtopf geben **40 Min. / 90 °C / Stufe 1.**
3. Rühreinsatz entfernen und **15 Minuten** quellen lassen.

Ich fand das Rezept:

Grießbrei

Zutaten:
- 250 g Milch
- 200 g Sahne
- 70 g Weichweizengrieß
- 2 EL Vanillezucker

Zubereitung:
1. Alle Zutaten in den Mixtopf geben **11 Min. / 90°C / Stufe 2.**
2. In Gläser/Schälchen füllen und warm oder kalt servieren.

Ich fand das Rezept:

Pancakes

Zutaten:

- 3 Eier
- 80 g Zucker
- 200 g Naturjoghurt
- 60 g Milch
- 1 Päck. Backpulver
- 300 g Mehl

Zubereitung:

1. Rühreinsatz in den Mixtopf einsetzen.
2. Eier und Zucker in den Mixtopf geben
   4 Min. / Stufe 4.
3. Rühreinsatz entfernen.
4. Naturjoghurt, Milch, Backpulver und Mehl zugeben
   2 Min. / Stufe 4.
5. Jeweils 1 EL Teig in eine geölte Pfanne geben und Pancakes ausbacken.

Kuchen

Ich fand das Rezept:

☺ 😐 ☹

Donuts (12 Stück)

Zutaten:

- 100 g Magerquark
- 20 g Zucker
- 20 g Vanillezucker
- 40 g Öl
- 120 g Milch
- 200 g Mehl
- 2 TL Backpulver
- Ggf. Deko (z. B. Guss, Puderzucker, Streusel ...)

Zubereitung:

1. Quark, Zucker, Vanillezucker, Öl und Milch in den Mixtopf geben **20 Sek. / Stufe 5.**
2. Mehl und Backpulver zugeben **10 Sek. / Stufe 3.**
3. Teig in eine Donutform geben.
4. Im Backofen **ca. 15-20 Minuten bei 180°C O/U** backen.

Ich fand das Rezept:

Biskuitboden

Zutaten:

- 200 g Mehl
- 180 g Zucker
- 1 Päck. Backpulver
- 5 Eier

Zubereitung:

1. Alle Zutaten in den Mixtopf geben und **2 Min. / Stufe 4,5** verrühren.
2. Teig in eine Springform (26 cm) geben.
3. Im vorgeheizten Backofen **ca. 25 Min. bei 180°C O/U** backen.

Super zum einfrieren.

Du kannst den Biskuitboden halbieren und nach Lust und Laune weiter verarbeiten

Ich fand das Rezept:

Muffins

Zutaten:
- 50 g Öl
- 50 g Milch
- 120 g Zucker
- 20 g Vanillezucker
- 4 Eier
- 200 g Mehl
- 1 Päck. Backpulver
- 50 g Schoko-Streusel

Zubereitung:
1. Öl, Milch, Zucker, Vanillezucker, Eier in den Mixtopf geben **15 Sek. / Stufe 6.**
2. Mehl, Backpulver und Schoko-Streusel zugeben **5 Sek. / Stufe 5.**
3. Teig in eine Muffinform geben und **ca. 20-30 Minuten bei 180°C O/U** im vorgeheizten Backofen backen.

Nach Belieben kannst du verschiedenes Obst mit in die Förmchen geben.

Ich fand das Rezept:

Marmorkuchen

Zutaten:

- 1 Päck. Backpulver
- 400 g Mehl
- 200 g Zucker
- 1 EL Vanillezucker
- 5 Eier
- 250 g Butter
- 240 g Milch (200 g + 40 g)
- 30 g Backkakao

Zubereitung:

1. Backpulver, Mehl, Zucker, Vanillezucker, Eier, Butter und 200 g Milch in den Mixtopf geben **40 Sek. / Stufe 5.**
2. Die Hälfte des Teiges in eine Gugelhupf Form geben.
3. Zum restlichen Teig Backkakao und 40 g Milch zugeben **10 Sek. / Stufe 5.**
4. Dunklen Teig auf den hellen Teig in der Gugelhupf Form geben und mithilfe einer Gabel ein Muster ziehen.
5. Im vorgeheizten Backofen **ca. 1 Stunde** bei **180°C O/U** backen.

Mixtopf schnell reinigen

SCHON GEWUSST?

Wenn du gerade etwas im Thermomix® gekocht hast und du anschließend einen sauberen Mixtopf benötigst, gib einfach etwas Wasser und dazu noch einen Tropfen Spüli hinein. Anschließend **ein paar Sekunden auf Stufe 10** mit und danach ohne Linkslauf, Wasser wegschütten und Mixtopf gründlich abtrocknen.

Jetzt kommt mein Geheimtipp:
(Ohne Gewähr)
Gib nach dem Reinigen ein Geschirrtuch in den Mixtopf und schalte den Thermomix
ein paar Sekunden auf LINKSLAUF / Sanftrührstufe
und du hast wieder einen trockenen Mixtopf!

1.
2.
3.
4.
5.
6.

Getränke

Ich fand das Rezept:

Frucht Limes

Zutaten:
- 600 g Früchte (z. B. Erdbeeren, Himbeeren ...)
- 90 g Zucker
- 100 g Zitronensaft
- 120 g Wasser
- 350 g Wodka

Zubereitung:
1. Alle Zutaten in den Mixtopf geben **1 Min. / Stufe 10.**

Ich fand das Rezept:

Zitronenlimonade

Zubereitung:

1. Zitronen waschen und achteln.
2. Alle Zutaten in den Mixtopf geben **5 Sek. / Stufe 10.**
3. Flüssigkeit durch ein Sieb geben und in eine Kanne füllen.

- **Zutaten:**
- 2 Bio Zitronen
- 1 Liter Wasser
- 5 Eiswürfel
- 60 g brauner Zucker

Ich fand das Rezept:

Zitronen-Ingwer Sirup

Zutaten:

- 100 g Ingwer
- 4 Bio-Zitronen
- 250 g Zucker
- 500 g Wasser

Zubereitung:

1. Ingwer in den Mixtopf geben **5 Sek. / Stufe 7.**
2. Zitronen (halbiert), Zucker und Wasser zugeben **20 Min. / 100°C / LL / Stufe 1** ohne Messbecher, stattdessen Garkörbchen als Spritzschutz aufsetzen!
3. Durch ein feines Sieb abgießen und umfüllen.

Im Kühlschrank 14 Tage haltbar.

Einen Schluck in eine Tasse mit heißem Wasser geben.

Ich fand das Rezept:

Eierlikör

Zutaten:

- 120 g Zucker
- 1 EL Vanillezucker
- 250 g Sahne
- 180 g Milch
- 5 Eier
- 350 g Likör (z. B. Licor 43)

Zubereitung:

1. Zucker und Vanillezucker in den Mixtopf geben **20 Sek. / Stufe 10.**
2. Sahne, Milch und Eier zugeben **7 Min. / 70°C / Stufe 4.**
3. Likör dazu **10 Sek. / Stufe 4.**

Ich fand das Rezept:

Milchshake

Zutaten:

- 200 g Früchte (z. B. Bananen, Erdbeeren, Himbeeren, Heidelbeeren ...)
- 3 EL Zitronensaft
- 50 g Vanillezucker
- 500 g Milch

Zubereitung:

1. Früchte, Zitronensaft und Vanillezucker in den Mixtopf geben **5 Sek. / Stufe 5.**
2. Milch zugeben **1 Min. / Stufe 10.**

Ich fand das Rezept:

Smoothie (2 Gläser)

Zutaten:
- 600 g gemischtes Obst
  (z. B. Bananen, Äpfel, Birnen, Pflaumen ...)
- ggf. ein Spritzer Zitronensaft

Zubereitung:
1. Obst in den Mixtopf geben
   30 Sek. / Stufe 8.
2. Sofort in Gläser füllen und genießen.

Getränke
Gib nach Belieben einen Spritzer Zitronensaft dazu.

Thermomix reinigen

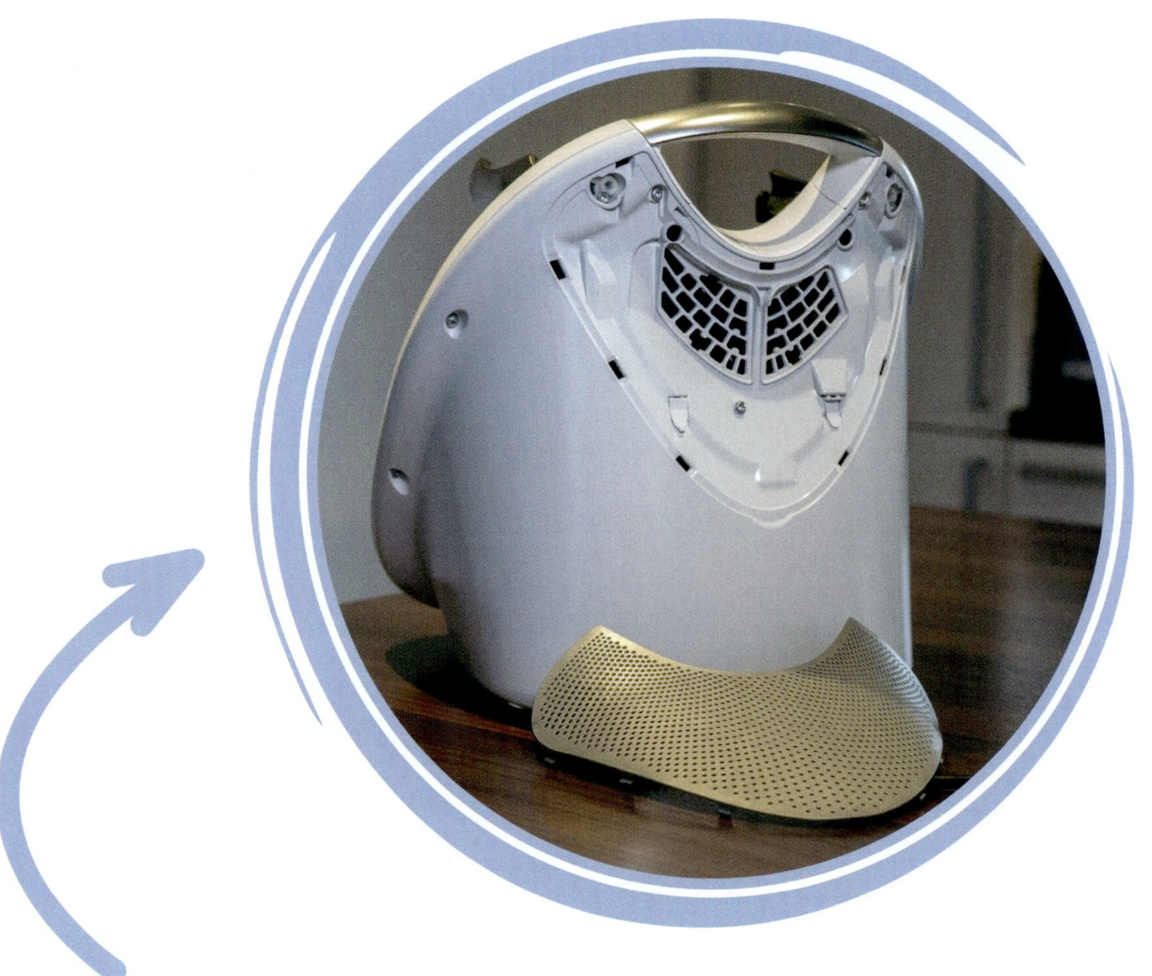

Kennst du diese Klappe hinter deinem Thermomix®?
Auch die solltest du regelmäßig aufmachen und reinigen.

SCHON GEWUSST?

Ich führe regelmäßig eine Grundreinigung an meinem Thermomix durch. Du kannst auch den Drehknopf entfernen und dahinter reinigen. Das geht ganz easy mit meinen Reinigungsbürstchen, die ich auch in meinem Shop anbiete.

Abkürzungen

g: Gramm

kg: Kilogramm

EL: Esslöffel

TL: Teelöffel

Päck.: Päckchen

TK: Tiefgekühlt

Sek.: Sekunden

Min.: Minuten

LL: Linkslauf

Hier findest du meine weiteren Bücher

Alle meine Büchlein findet ihr in meinem Onlineshop unter:
www.ruckzuck-manu.de

Impressum

Herausgeber

Wundermix GmbH
Dirnismaning 34 D
85748 Garching b. München
Deutschland
Telefon: +49 89 23141490
E-Mail: info@wundermix.de

Rezepte Manuela Titz (RuckZuck-Manu)

Bildmaterial Marco Titz

Layout & Grafik Oliwia Zgodzaj

Schlussredaktion Monika Werthebach

Druck bonitasprint GmbH, 92224 Amberg

Auflage 1. Auflage: 2022

Isbn Nr. 978-3-948607-13-5

Bibliografische Information der Deutschen Nationalbibliothek:
Die deutsche Nationalbibliothek verzeichnet diese Publikation in der Deutschen Nationalbibliografie; detaillierte bibliografische Daten sind im Internet über https://portal.dnb.de abrufbar.

Printed in Germany